TRADUCTION EN VERS

inédite, de la

DIVINE COMÉDIE DE DANTE

D'après un manuscrit du XV° siècle, de la bibliothèque
de l'Université de Turin,

Par M. Charles CASATI

Juge au Tribunal civil de Lille,
et Membre titulaire de la Société des Sciences de Lille.

La traduction de la *Divine Comédie*, dont je vais donner des extraits, est inédite, et c'est la plus ancienne des traductions françaises de Dante.

Différents indices pourraient faire attribuer ce travail à Christine de Pisan; mais pour émettre cette opinion d'une manière positive, il faudrait des preuves que je n'ai pas et que j'aurai, je crois, de la peine à me procurer.

Cette traduction a le rare mérite de reproduire le texte de Dante avec plus de fidélité qu'aucune autre; elle suit l'original

---

[1] Extrait des Mémoires de la Société des Sciences, de l'Agriculture et des Arts, de Lille, année 1872, 3° série, 10° volume.

mot à mot, et reproduit même les paroles italiennes avec la facilité que lui donne la langue du temps. Ce langage, presque contemporain de l'original, en rend bien mieux que la langue moderne la forme et la couleur.

Pour bien apprécier cette traduction, il faut la suivre vers par vers sur le texte de Dante et placer les vers italiens en regard des vers français.

La plus ancienne traduction de Dante, jusqu'ici connue, est celle de Grangier [1]; elle remonte aux dernières années du XVIe siècle (1597), et, à mon avis, elle est inférieure à celle dont je publie des fragments. Le français de cette époque n'a déjà plus cette tournure ferme, concise, un peu latine du vieux français, qui s'adapte très-bien à l'italien archaïque de Dante. Que l'on en juge par un exemple :

Cette inscription célèbre placée sur la porte de l'Enfer,

Per me si va nella citta à dolente,

est traduite par Grangier :

Par mon moyen l'on va dans la cité dolente,
Par mon moyen l'on va dans l'éternel desdain,
Par mon moyen l'on va parmy la gent meschante,

---

[1] *La comédie de Dante*, de l'Enfer, du Purgatoire, du Paradis, mise en ryme françoise et commentée par M. B. Grangier, conseiller et aulmonier du Roy et abbé de Saint-Barthelemy de Noyon ; à Paris, 1597, chez Jehan Gosselin, rue Saint Jacques, au Soleil d'Or.

tandis que la traduction manuscrite porte :

> Par moy se va dans la cité douloureuse,
> Par moy se va au fons de l'éternel supplice,
> Entre la gent perdue à jamais malheureuse.

Le manuscrit dont je donne des extraits ne porte aucune indication qui puisse en faire connaître l'auteur; il ne renferme que la traduction de l'*Enfer*, avec le texte en regard ; le dernier chant manque et l'avant-dernier est en partie lacéré. Ce manuscrit paraît du XV° siècle ; il appartient à la riche bibliothèque de Turin et porte le N° L. V. 33 ; il est coté II, 491, dans le Catalogue de Pasini.

J'ai déjà fait connaître cette ancienne traduction par de courts fragments insérés dans la Bibliothèque de l'École des Chartes ; je publie aujourd'hui le deuxième et le quatrième chant de l'*Enfer*. Le feuillet sur lequel commence le deuxième chant est déchiré et les six premiers vers manquent dans la traduction ; les voici dans le texte italien :

> Lo giorno se n'andava e l'aere bruno
> Toglieva gli animai che sono in terra
> Dalle fatiche loro ; éd io sol uno
> M'apparecchiava a sostener la guerra
> Si del cammino e si della pietate,
> Che ritrarrà la mente che non erra.

LA DIVINE COMÉDIE DE DANTE.

CHANT II.

— O muse, o hault engin, secours ie vous demande :
O esprit, qui a mis par escript ce mistaire,
Il convient qu'en ce lieu ta noblesse on entende.

O poete qui est ma guide salutaire,
Dy ie, voy si vertus iay assez et puissance,
Avant qu'en ce hault pas te fies de matraire.

Tu dis, que celluy la dont Silvye heut naissance,
En chair et os alla au bas siecle immortel,
Ou des peines d'enfer print vraye cognoissance.

Dont si Dieu de tout mal adversaire en cas tel
Usa de courtoisie, avant l'effect preveu ;
Qui devoit de luy prendre yssue, et qui et quel

Point ne perra indigne a homme bien pourveu
De bon entendement, de Romme et de l'Empire
Au ciel emperial desia pour pere esleu :

Lesquels furent iadis establiz au vray dire
Pour estre le lieu sainct, et que la fut plante
Le siege apostolicq pour la foy introduire.

Pour aler aux enfers, dont l'has ainsi vante,
Telle chose entendit qui fut occasion
Dont victoire ensuyvit pape et crestiente.

Apres luy vint saint Paoul vaisseau d'élection,
Pour nous porter confort à celle saincte foy
Qui premier enseigna notre salvation.

Mais qui veult que ie viegne en ce lieu ? ne pourquoy ?

DIVINA COMEDIA.

CANTO SECONDO.

O muse, o alto ingegno, or m' aiutate
O mente che scrivesti cio ch' io vidi
Qui si parrà la tua nobilitate.
  Io comminciai : poeta, che mi guidi
Guarda la mia virtù s' ell' è possente
Prima ch' all' alto passo tu mi fidi.
  Tu dici, che di Silvio lo parente
Corruttibile ancora, ad immortale
Secolo ando, e fu sensibilmente.
  Pero, se l' aversario d' ogni male
Cortese fu, pensando l'alto effetto
Ch' uscir dovea di lui, e 'l chi e'l quale;
  Non pare indegno ad uomo d' intelletto
Ch' ei fu dell' alma Roma et di suo impero
Nell' empireo ciel per padre eletto ;
  La quale e'l quale (a voler dir lo vero)
Fur stabiliti per lo loco santo,
U' siede il successor del maggior Piero.
  Per questa andata, onde gli dai tu vanto
Intese cose che furon cagione
Di sua vittoria e del papale ammanto.
  Andovi poi lo vas d' elezione,
Per recarne conforto a quella fede,
Ch' è principio alla via di salvazione.
  Ma io perchè venirvi ? o chi 'l concede ?

Paoul ne suis, ne Enee, et croy quil nest personne
Qui mextime ad ce digne, aussi ne faiz ie moy.
 Pourquoy si de venir ceans ie m'abandonne,
Je crains que l'on ne tienne a folle ma venue :
Tu es saige, et entends si ma raison nest bonne.
 Et comme ung qui na mie en son cueur de tenue,
Ains change tost propos par nouveau pensement,
Si que de voulente dune henre a aultre il mue,
 En celle coste obscure ainsi fuz proprement :
Quen pensant consumay ma premiere entreprise ;
Qui tant hastive estoit en son commancement.
 Se jay bien ta parolle entendue et comprinse,
Me respondit alors du magnanime lombre,
Ton âme est offensee hores de cohardise.
 Qui souvent lhomme empesche et m'ect en tel encombre,
Que destourner le faict de quelque bel ouvraige,
Comme ung cheval paoureux par faulx veoir sen ombre.
 Mais pour de paour tabsouldre et te donner couraige ;
Te diray, pour quoy vins et ce que ouys, tandiz
Que premier me doluz de toul mal et dommaige.
 Entre ceulx qui nauront enfer ne paradis ;
Une dame appeler me vint heureuse et belle,
Telle que la requis me commander tousdiz.
 Ses yeux luisaient plus fort que ne fait une estelle :
Et commença me dire en manière faconde,
Tout souef a voix dange, une parole telle.
 O ame mantouaine ou courtoisie habonde,
De qui la rennomee entre les humains dure,
Et tousiours durera par tous les lieux du monde :
 Le myen parfaict amy, non amy davanture
En la plaine déserte est empesché forment ;
Dont tourné du chemin sest par paour griesve et dure ;
 Et craint qu'il ne soit ia esgaré tellement,

I non Enea, i non Paolo sono:
Me degno a cio nè io nè altri crede.
   Perchè se del venire i' m'abbandono
Temo che la venuta non sia folle:
Se ' savio, e intendi me' ch'io non ragiono.
   E quale è quei che disvuol cio che volle,
E per nuovi pensier cangia proposta,
Si che dal comminciar tutto si tolle.
   Tal mi fec'io in quella oscura costa
Per che, pensando, consumai l' impresa,
Che fu nel cominciar cotanto tosta.
   Se i'ho ben la tua parola intesa
Rispose del magnanimo quell' ombra
L' anima tua è da viltate offesa:
   La qual molte fiate l'uomo ingombra
Si, che da onrata impresa lo rivolve
Come falso veder bestia quand' ombra.
   Da questa tema acciochè tu ti solve
Dirotti perch'io venni: e quel ch'io intesi
Nel primo punto che di te mi dolve.
   Io era tra color che son sospesi
E donna mi chiamo beata e bella
Tal che di comandare i' la richiesi.
   Lucevan gli occhi suoi più che la stella:
E cominciommi a dir soave e piana,
Con angelica voce in sua favella.
   O anima cortese mantovana,
Di cui la fama ancor nel mondo dura
E durerà quanto 'l mondo lontana,
   L' amico mio, e non della ventura,
Nella deserta piaggia è impedito
Si nel cammin, che volto e per paura;
   E temo che non sia gia si smarrito,

Que pour le secourir me soye atard levee,
Parce que ouys de luy dire au hault firmament.

Hor te bouge et ten va o ta parole ornée,
Et avec ce quil fault pour sa vie eschapper,
Tant que par ce moyen ien soye consollee.

Beatrice ie suis, qui la te faiz aller :
Je vien de ce beau lieu, ou tourner ie desire :
Esmeue par amour qui tant men fait parler.

Quant ie seray devant le mien souverain sire,
De toy me loueray en hault es cieulx sans cesse.
Elle se teut alheure, et ie commencay dire :

O dame de vertu, par qui lhumaine espece
Précède en honneur tous les aultres animants.
Qui sont dessoubs la lune : O madame et maistresse

De tant en gre ie prents les tiens commandemens,
Quobeyr ie ny puis si tost quil ne me tarde ;
Plus nest besoing me ouvrir tes iustes mœuvementz,

Mais dy my la raison, pourquoy tu nas prins garde,
A descendre la bas en cest infernal centre,
Des cieulx ou dy tourner il faut que ton cueur arde.

Puisquen fait de scavoir ton esprit si fort entre,
Me respondit alors, ie diray bresvement,
Pourquoy de venir cy iay prins couraige en ventre.

De telle chose avoir craincte on doit tant seullement
Qui de faire aultruy mal a povoir : non de celle
Ou sans paour resister lon peult virillement.

Je suis faicte de Dieu, la sienne mercy, telle,
Que la votre misere a moy ne peult actaindre,
Me faire assault me peult ceste flamme immortelle.

Dame est gentille au ciel, qui premier se voult plaindre
De cest empeschement, ou hores ie te mande,
Si que dur iugement a lassus faict enfraindre.

Ceste requit Lucie, et dit par sa demande :

Ch' io mi sia tardi al soccorso levata,
Per quel ch' i' ho di lui nel cielo udito.

 Or muovi, e con la tua parola ornata,
E con cio ch' è mestieri al suo campare,
L' aiuta si, ch' io ne sia consolata.

 I' son Beatrice, che ti faccio andare:
Vengo di loco ove tornar disio:
Amor mi mosse, che mi fa parlare.

 Quando saro dinanzi al signor mio,
Di te mi lodero sovente a lui,
Tacette allora; o poi comincia'io:

 O donna di virtu, sola per cui
L'umana spezie eccede ogni contento
Da quel ciel, c'ha minor li cherchi sui;

 Tanto m'aggrada il tu' comandamento,
Che l'ubbidir, se gia fosse, m'è tardi
Piu non t'è uopo aprirmi 'l tu talento.

 Ma dimmi la cagion, che non ti guardi
Dello scender quaggiuso, in questo centro,
Dall' ampio loco ove tornar tu ardi.

 Da che tu vuoi saper cotanto addentro
Dirotti brevemente, mi rispose,
Perch' i' non temo di venir qua entro.

 Temer si dee di sole quelle cose,
Ch'hanno potenza di fare altrui male:
Dell' altre no, che non son paurose.

 I son fatta da Dio, sua merce, tale,
Che la vostra miseria non mi tange
Nè fiamma d'esto incendio non m'assale.

 Donna è gentil nel ciel, che si compiange
Di questi impedimento, ov'io ti mando,
Si che duro giudicio lassù frange.

 Questa chiese Lucia in suo dimando,

Hor a besoing de toy ce pouvre iouvence!,
Ton feal serviteur, ie te le recommande.

  Lucie qui veut mal a tout homme cruel
Se meut, et vint au lieu ou ie massis et range,
Avesques la prudente et antique Rachel.

  Beatrice, dit lors de Dieu vraye louange,
Pourquoy ne secours tu celuy qui pour taymer
Fuit toute compaignie et du monde sestrange?

  Ne os tu pas la pitie de son dueil tant amer,
Ne vois tu que la mort le combat et affolle,
Sus le fleuve ou tempeste y ha pire qu'en mer?

  Au monde ne fut maiz homme qui si tost volle
A fouyr son domaige, ou a son prouffict tendre,
Comme moy des que dire oy ceste parolle,

  De mon banc heureux vint ca bas vers toy me rendre,
Me confiant moult fort de ton parler honneste,
Qui thonore et tous ceulx qui l'ont bien sceu entendre.

  Apres qu'ainsi meut faict sa piteuse requeste,
Plorant sen retourna au sainct lieu non pollu,
Par quoy de venir cy plus tost fu viste et preste;

  Et vins tout en ce point comme elle avoit voulu,
Devant toy celle beste aspre et fiere chasser,
Qui tavoit du beau mont le court chemin tollu.

  Pourquoy doncques? pourquoy ne veulx tu tavanser?
Pourquoy es tu si lasche et failly de couraige?
Pourquoy nas hardiesse et cueur doultre passer?

  Puisque troys dames a de si haultain paraige
Advocates pour toy en la grant court divine,
Et tant de biens promys par le myen doulx langaige?

  Comme par froide nuit la fleur close et encline,
Se radresse au matin, quant des blancs raiz est taincte
Du soleil, dont vigueur reprend tige et racine.
Ainsi se remit sus ma vertu ia estaincte:

E disse : Ora abbisogna il tuo fedele
Di te, ed io a te lo raccomando.
  Lucia, nimica di ciascum crudele.
Si mosse, e venne al loco dov'i 'era
Che mi sedea con l'antica Rachele :
  Disse : Beatrice, loda di Dio vero,
Che non soccorri quei che t'amo tanto
Ch' uscio per te della volgare schiera ?
  Non odi tu la pieta del suo pianto
Non vedi tu la morte, che 'l combatte
Su la fiumana, onde 'l mar non a vanto ?
  Al mondo non fur mai persone ratte
A far lar pro, ed a fuggir lor danno
Com' oi dopo cotai parole fatte.
  Venni quaggiù dal mio beato scanno
Fidandomi nel tuo parlare onesto
Ch' onora te e quei ch' udito l'hanno.
  Poscia che m' ebbe ragionato questo,
Gli occhi lucenti, lagrimando, volse
Per che mi fece del venir piu presto.
  E venni a te cosi, com'ella volse
Dinanzi a quella fiera ti levai
Che del bel monte il corto andar ti tolse.
  Dunque che è? perchè, perchè restai
Perchè tanta viltà nel cuore allette ?
Perchè ardire e franchezza non hai ?
  Poscia che tai tre donne benedette
Curan di te nella corte del cielo
E'l mio parlar tanto ben t'impromette.
  Qual' i fioretti dal notturno gielo
Chinati et chiusi, poi che l sol gl'imbianca
Si drizzan tutti aperti in loro stelo :
  Tal mi fec' io di mia virtude stanca

Et si grant hardiesse en mon cueur print son cours,
Que lors ie commencay comme ung homme sans craincte :
   O dame de pitie qui ma donné secours,
Et toy noble et courtoys, qui ne tes faict empos
Dobeyr au parler dont ma faict le discours!
   Tant mas persuade que mon cueur est dispos
Dacomplir mon voyage, et me faire valoir
Si que retourne suis en mon premier propos.
   Hors va, que de nous deux ne sera qu'un vouloir :
Tu seras le myen duc, tu seigneur et tu maistre :
Ainsi luy dis et puis qu'il print à se mouvoir,
   Pour le suyvre ientray la voye haute et silvestre.

E tanto buono ardire al cor mi corse
Ch' io cominciai, come persona franca :
  O pietosa colei che mi soccorse,
E tu cortese ch'ubbidisti tosto
Alle vere parole che ti porse !
  Tu m'hai con desiderio il cor disposto
Si al venir con le parole tue,
Ch'io son tornato nel primo proposto.
  Or va'chè un sol volere è d'ambedue
Tu duca, tu signore, e tu maestro,
Cossi gli dissi; e poichè mosso fue,
  Entrai per lo cammino alto e silvestro.

CHANT IV.

Dedens ma teste entra ung gref ton par laureille,
Si fort que a secouer me prins et remouvoir,
Comme personne faict que par force on reveille :
    Et l'œil ia repose vins ouvrir et mouvoir,
Droict sur piedz, regardant entour celle contree
Pour le lieu ou iestoys mieulx cognoistre et scavoir.
    Vray est que me trouvay droictement sur lentree
De la val de labisme horrible et douloureuse,
Du ton dinfiniz pleurs et lamentz penetree.
    Mais tant obscure estoit, parfonde et nebeuleuse,
Qu'en fichant lœil au fons de la fosse parfonde,
Chose l'on ny peult veoir tant est noire et hideuse.
    Hor descendons ca bas en laultre aveugle monde ;
Dit le poete alors moult blesme : ie vueil cy
Faire premiere entree, et puis toy la seconde.
    Et ie, qui de couleur le viz mort, diz ainsi :
Comme iray, quant ie voy ta vigueur ia estaincte,
Qui es mon seul confort quant iay doubte ou soucy ?
    Lors me dit : celle angoisse horrible et dure estraincte
Des gens qui sont la bas, en mon visaige painct
La pitie que tu sens par frayeur et par craincte,
    Allons, car la voye est longe qui nous empainct :
Ainsi si mit, et puis ainsi me fit entrer
Dedans le premier cercle autour dabisme ensainct.
    La ne vint mon aureille alheur penetrer
Son de plaings ne de pleurs, mais de soupirs grans sommes
Faisoient lair eternel lors tremblant demonstrer :

CANTO QUARTO.

Ruppemi l'alto sonno nella testa
Un greve tuono, si ch'i 'mi riscossi,
Come persona che per forza è desta:
E l'occhio riposato intorno mossi,
Dritto levato, e fiso riguardai,
Per conoscer lo loco dov'io fossi.
   Vero e, che in su la proda mi trovai
Della valle d'abisso dolorosa
Che tuono accoglie d'infiniti guai.
   Oscura, profonda 'era e nebulosa
Tanto, che, per ficcar lo viso al fondo
I' non vi discernea veruna cosa.
   Or discendiam qùaggiù uel cieco mondo,
Incomincio'l poeta tutto smorto
Io saro primo, e tu sarai secundo.
   Ed io, che del color mi fui accorto,
Dissi: come verro se tu paventi
Che suoli al mio dubbiare esser conforto?
   Ed egli a me: l'angoscia delle genti
Che son quaggiù, nel viso mi dipigne
Quella pietà, che tu per téma senti.
   Andiam, che la via lunga ne sospigne
Cosi si mise, e cosi mi fe entrare
Nel primo cerchio che l'abisso cigne.
   Quivi, secondo ch'io pote' ascoltare,
Non avea pianto ma'che di sospiri,
Che l'aura eterna facevan tremare.

Cecy advient de dueil, qui, sans trop griefves sommes
De martires porter, y ont les trouppes grandes
Denfans mors sans baptesme, et de femmes et dhommes.

Le bon maistre me dit : point tu ne me demandes
Quelz espritz sont ceulx cy que voys en cest place ?
Or veuil quavant marcher plus avant tu lentendes,

Ceulx ne firent oncq mal : et si mercy et grace
Heurent, ce ne souffit, car receu non baptesme,
Qui est part de la foy que tu croys sans fallace :

Et silz furent devant quon receust le saint cresme,
Pas nadorerent Dieu en deue reverence :
Et saiches que tout tel quilz sont suis ie moy mesme.

Pour semblables deffaulx, et non pour aultre offense,
Sommes perdus ainsi, et tant plus offenduz,
Que vivons en desir sans aucune esperance.

Grant dueil print mon cueur lorsque euz telz motz entenduz
Pour ce que ie y congneu des gens de gran valleur,
Qui en ce limbe estoient pour tousiours suspenduz.

Diz moy, commencay lors, mon maistre et mon seigneur,
Pour mieulx de celle foy certain estre et aprendre
Qui tout erreur convaint hor me soys enseigneur :

Si bien deulx ne daultruy voult onc Dieu en gre prendre
Pour les sortir de la et venir en sa gloire ?
Et luy qui mon parler couvert sceut bien entendre,

Respond : iestoys nouveau en cestuy territoire ;
Quant ie veiz cy venir ung prince moult puissant
Couronné sur son chef du signe de victoire,

D'Adam lombre en tira et d'Abel son enfant,
Et celle de Noe en hault es cieulx ravit,
Et de Moise aussi, legiste obéissant,

Abraham patriarche, et le bon roy David,
Isdrael o son pere, et douze enfants du moins,
Et Rachel pour laquelle Isaac tant servit,

E cio avenia di duol senza martiri
Ch'avean le turbe, ch'eran molte e grandi
E d'infanti e di femmine e di viri.

Lo buon maestro a me : tu non dimandi
Che spiriti son questi che tu vedi?
Or vo'che sappi, innanzi che più andi.

Ch'ei non peccaro : e s'egli hanno mercedi,
Non basta, perch'e' non ebber battesmo.
Ch'è porta della fede che tu credi.

E se furon dinanzi al Cristianesmo·
Non adorar debitamente Dio
E di questi cotai son io medesmo.

Per tai difetti, e non per altro rio,
Semo perduti, e sol di tanto offesi
Che senza speme vivemo in disio.

Gran duol mi prese al cor quando lo intesi
Perocchè gente di molto valore
Conobbi che in quel limbo erane sospesi.

Dimmi mastro mio, dimmi, signore
Commincia'io, per voler esser certo
Di quella fede che vince ogni errore.

Uscinne mai alcuno, o per suo merto?
O per altrui, che poi fosse beato?
E quei che intese 'l mio parlar coverto

Rispose : io era nuovo in questo stato,
Quando ci vidi venire un possente,
Con segno di vittoria incoronato.

Trasseci l'ombra del primo parente
D'Abel suo figlio, e quella di Noè,
Di Moisè legista, e l'ubbidiente;

Abraham patriarcha, e David re;
Israel con suo padre e co'suoi nati
E con Rachele per cui tanto fe,

Du nombre des heureux fit lors et daultres maintz.
Et saichez quavant eulx nentrerent Paradis,
Ne mais furent saulvez aucuns espritz humains.

Nous ne laissions daller pour son dire tous diz,
Ains passions la forest darbres umbrageux pleine,
Forest desperitz espoisse est celle que ie diz.

Notre voye nestoit encores fort loingtaine
De la rive den hault; lorsque je veiz ung feu,
Lhemispere esclerant de lumiere sereine.

Combien que nous estions encores loings ung peu,
Iapperceu neantmoins la gectant mon regard,
Moult dhonnorables gens posseder celluy lieu.

O toy, qui toute science honnores et tout art,
Quelz sont ceulx qui dhonneur monstrent telle apparence,
Qui des aultres du monde en ce point les depart?

Lors diz de leurs beaulx noms la clere remembrence,
Sonnant en hault sus terre ou tu meines ta vie,
Grace au ciel leur acquiert qui ainsi les avence.

En tant fut une voix soudain par moy ouye :
Honnorez le tres hault poete; car tournee
Son umbre est en ce lieu, qui sestoit departie.

Depuis que la voix fut quiecte et apaisee,
Quatre grans umbres vy devers nous se reduire;
Qui ne sembloient avoir dueil ne ioye en pensee.

Alors recommença le bon maistre a me dire :
Voys celuy qui avecq une espee en la main,
Vient tout devant ces troys ainsi comme le sire.

Cest Homere le grand poete souverain,
Laultre est le satiricque Horace qui cy vient,
Le troisieme est Ovide et Lucan le derrain.

Pour ce que chascun deulx avec moy se convient
Et quempraintz sont leurs noms et leur mien tout dun mosle;
Honneur me font et bien si comme il appartient.

Ed altri molti, fecegli beati:
E vo'che sappi che, dinanzi ad essi,
Spiriti umani non eran salvati.

Non lasciavam l'andar, perch' edicessi,
Ma passavam la selva tuttavia,
La selva, dico, di spiriti spessi.

Non era lunga ancor la nostra via
Di qua dal sommo, quand'io vidi un foco,
Ch' emisperio di tenebre vincia.

Di lungi v'eravamo ancora un poco,
Ma non si, ch'io non discernessi in parte
Ch'orrevol gente possedea quel loco.

O tu, ch'onori ogni scienza ed arte,
Questi chi son, c'hanno cotenta orranza
Che dal modo de gli altri gli disparte.

E quegli a me l'onrata nominanza,
Che di lor suona su nella tua vita
Grazia aquista nel ciel, che si gli avanza.

Intanto voce fu per me udita
Onorate l'altissimo poeta:
L'ombra sua torna, ch'era dispartita.

Poiché le voce fu restata e queta
Vidi quattro grand'ombre a noi venire;
Sembianza avevan nè trista nè lieta.

Lo buon maestro cominciomi a dire:
Mira colui con quella spada in mano,
Che vien dinanzi a'tre si come sire.

Quegli è Omero poeta sovrano,
L'altro è Orazio satiro che viene,
Ovidio e'l terzo, e l'ultimo è Lucano.

Perocchè ciascun meco si conviene
Nel nome che sono la voce sola,
Fannomi onore, e di cio fanno bene.

Ainsi veiz assembler la belle et noble escolle
Des seigneurs du hault chant et de lart de bien dire,
Laquelle dessus touz si comme laigle volle.

Sans tenir long propos ensemble apres leur diré,
Se tournerent vers moy me saluant par signe :
Dont mon maistre se print ung petit à soubzrire :

Et faisant plus dhonneur à moy que ne suis digne,
Me myrent de leur nombre et firent par maniere
Que le sixiesme fuz de leur colliege insigne.

Nous alasmes ainsi jusques à la lumiere,
Parlant choses quailleurs le taire est aussi beau,
Comme est la le parler de semblable matière.

Et vimmes droict au pied dun sumptueux chasteau,
Clos de sept murs moult haultz en facon de sainture,
Deffendu a lentour dun beau fleuve ou ruisseau.

Cestuy passames lors comme sur pierre dure :
Par sept portes ientray dedans avec ces saiges :
Ou vismes en ung pre sus la fresche verdure,

Gens graves en regard qui a veoir leurs visaiges
Et semblans se monstroyent de grant auctorite :
Par voix douce et tardive acoutrans leurs langaiges.

Tous nous tirasmes lors a part en ung cousté
En lieu hault descouvert et cler, ou sappuyant
Sur le coudde on peult veoir quicunque est la bouté.

La tout droict mis en piedz sus lesmail verdoyant,
Me furent lors monstrez si haultz et grantz espritz ;
Que moy mesme elevois mon cueur en les voyant.

Je viz Electre avec maintz compaignons de priz ;
Entre lesquelz cognuz Hector et puis Enee,
Cesar o ses yeulx clercs arme dens son pourpris.

Camille viz aussi et la Penthasillee,
Et puis, de laultre part, ie viz le roy latin,
O Lavine sa fille assis dessus Capree.

Così vidi adunar la bella scuola
Di quel signor dell' altissimo canto,
Che sovra gli altri, com'aquila vola
 Da ch'ebber ragionato insieme alquanto
Volsersi a me con salutevol cenno;
E'l mio maestro sorrise di tanto.
 E più d'onore ancora assai mi fenno
Ch'essi mi fecer della loro schiera
Sì ch'io fui sesto tra cotanto senno.
 Così n'andammo insino alla lumiera
Parlando cose ch'l tacere è bello,
Sì com'era 'l parlar colà dov'era.
 Venimmo al piè d'un nobile castello
Sette volte cerchiato d'alte mura,
Difeso intorno da un bel fiumicello.
 Questo passammo come terra dura
Per sette porte entrai con questi savi
Giugnemmo in prato di fresca verdura.
 Genti v'eran con occhi tardi e gravi
Di gran autorità ne'lor sembianti
Parlavan rado, con voci soavi.
 Traemmoci così dall'un de'canti
In luogo aperto, luminoso ed alto,
Sì che veder si potean tutti quanti.
 Colà diritto, sopra il verde smalto
Mi fu mostrati gli spiriti magni
Che di vederli in me stesso m'esalto.
 I' vidi Elettra con molti compagni
Tra' quai conobbi ed Ettore, ed Enea
Cesare armato, con gli occhi grifagni
 Vidi Cammilla e la Pentesilea
Dall' altra parte e vidi 'l re Latino.
Che con Lavinia sua figlia sedea.

Je vis celluy Brutus qui dechassa Tarquin,
Puis Lucrece, et Marcie, et Iulie, et Cornille,
Et tout seul a part soy ie viz le Salladin.

Apres haussant ung peu plus en hault la sorsille.
Viz le maistre de ceulx qui sont assis au banc
De la philosophale et prudente famille.

Tous par honneur le font asseoir premier au renc.
La Socrate et Pluton viz qui par leur merite
Devant tous aultres sont plus prochains de son flanc.

Cestuy qui des mondains se risoit, Democrite,
Thale, Anaxagore y fut, et Diogene,
Empedocle et Zenon, avecques Heraclite :

Diascoride y viz qui pour la vie humaine
Maincte herbe recuillit : Orpheus, Tulle et Line,
Seneque, Euclide, Ptolemee, Avicene,

Hipocras, Galien, tous gens de grand doctrine
Vy et Averroys, qui en son temps escripre
A fait le grand comment sus lart de medecine.

Ie ne puis tout a plain ceulx que la vey descripre,
Car qui veult si long tesme a coup tout dire ensemble,
Fault mainteffoys au faict le parler peu suffire.

Des six la compaignie en deux se dessassemble :
Le saige duc me maine alors par aultre voye,
Hors laer doux et tranquille, en laer noir qui tout tremble ;
Et viens celle par ou nya clarte quon voye.

Vidi quel Bruto che caccio Tarquino,
Lucrezia, Giulia, Marzia, e Corniglia
E solo in parte vidi 'l Saladino.

Poi che innalzai un poco piu la ciglia
Vidi il maestro di color che sanno
Seder tra filosofica famiglia.

Tutti l'ammiran, tutti onor gli fanno.
Quivi vid'io e Socrate e Platone
Che innanzi agli altri piu presso gli stanno;

Democrito, che il mondo a caso pone
Diogenes, Anassagora, e Tale,
Empedoclés, Eraclito et Zenone.

E vidi il buono accoglitor del quale,
Dioscoride dico; e vidi Orfeo,
E Tullio, e Livio, e Seneca morale:

Euclide geometra, e Tolomeo,
Ippocrate, Avicenna e Galieno
Averrois, ch'l comento feo.

Io non posso ritrar di tutti appieno
Perocchè si mi caccia il lungo tema,
Che molte volte al fatto il dir vien meno.

La sesta compagnia in duo si scema
Per altra via mi mena il savio duca
Fuor della queta nell' aura che trema

E vengo in parte ove non è che luca.

www.ingramcontent.com/pod-product-compliance
Lightning Source LLC
Chambersburg PA
CBHW060453050426
42451CB00014B/3301